Inhalt

Freie Wahl für Azubis - der demografische Wandel verursacht Nachwuchssorgen

Kernthesen

Beitrag

Fallbeispiele

Weiterführende Literatur

Impressum

GENIOS WirtschaftsWissen Nr. 01/2010 vom 14.01.2010

Freie Wahl für Azubis - der demografische Wandel verursacht Nachwuchssorgen

R.Reuter

Kernthesen

- Noch vor kurzer Zeit gab es fast überall mehr Ausbildungssuchende als freie Lehrstellen. Dies hat sich infolge des demografischen Wandels geändert.
- Die für junge Leute gute Nachricht bringt die Unternehmen in Schwierigkeiten. Sie haben es immer schwerer, geeignete Lehrlinge zu finden.
- Verschärft wird die Problematik durch die hohe Zahl von Jugendlichen, die die Schule

ohne Abschluss verlassen.

Beitrag

Demografischer Wandel entspannt den Lehrstellenmarkt

Wer in Deutschland eine Lehrstelle sucht, hat es zunehmend leichter: Die Geburtenmüdigkeit der Deutschen führt dazu, dass die Zeit des Lehrstellenmangels zu Ende geht. So hat der Deutsche Industrie- und Handelskammertag gemeldet, dass derzeit auf einen Suchenden 2,6 freie Lehrstellen kommen. Industrie, Handel und Handwerk rechnen darum damit, dass in diesem Jahr 8,7 Prozent weniger Ausbildungsverträge geschlossen werden als im Vorjahr. Die Industrie- und Handelskammern (IHK) melden sogar ein Minus von 9,6 Prozent. Noch stärker soll der Rückgang im Osten Deutschlands ausfallen: Dort haben die Industrie- und Handelskammern 14,1 Prozent weniger Lehrverträge gemeldet. (1)

Handwerk sucht Nachwuchs

Alleine im Handwerk werden in diesem Jahr 10 000 freie Lehrstellen nicht besetzt werden können. Dies liegt nach Aussage der Handwerksverbände zum einen am Geburtenknick, insbesondere aber an der oft fehlenden Qualifikation der Bewerber. Viele Schulabgänger könnten heute weder fehlerfrei schreiben noch einfache Rechenaufgaben lösen. Auch fehle es häufig an der notwendigen Motivation: Immer mehr jungen Leuten falle es schwer, morgens pünktlich zur Arbeit zu kommen. (3)

Fachkräftemangel droht

Was sich für junge Azubis derzeit noch als positive Entwicklung zeigt, könnte für die Firmen zukünftig große Schwierigkeiten mit sich bringen. Es droht ein Fachkräftemangel, der sich auch in der Zahl der Schulabgänger abzeichnet. 2010 werden in den neuen Bundesländern 13 Prozent weniger Heranwachsende die Schule verlassen als 2009. (1)

Zu viele sind ohne Abschluss

Gegen die sinkende Zahl von Schulabgängern können Wirtschaft und Gesellschaft nicht viel ausrichten. Beklagt wird jedoch, dass immer noch zu viele junge Leute ohne Abschluss von den Schulen gehen. Jahr für Jahr sind es 65 000, die die Schule ohne Zeugnis verlassen und damit kaum Aussichten haben, eine Lehre beginnen zu können. Um den kleiner werdenden Pool von Azubis zu sichern, sind immer mehr Initiativen im Gange, die die Qualität der Schulabgänger steigern sollen. (1)

Rezession bleibt ohne Folgen

Die sinkende Zahl junger Nachwuchskräfte hat dafür gesorgt, dass es trotz der Finanz- und Wirtschaftskrise nur wenige Ausbildungswillige gibt, die vergeblich suchen. Die Zahl der unversorgten Ausbildungsbewerber liegt derzeit bei nur 9 600 und damit auf dem niedrigsten Wert seit mehr als zehn Jahren. Dem gegenüber stehen 17 300 freie Lehrstellen, was im zweiten Jahr in Folge einen Überhang unbesetzter Ausbildungsplätze bedeutet. Auch die Zahlen der Bundesagentur für Arbeit belegen diesen Trend. Demnach haben sich im Beratungsjahr 2008/09 534 000 Jugendliche bei der Bundesagentur gemeldet - 14 Prozent weniger als im Jahr davor. Die infolge der Finanzkrise gesunkene Ausbildungsbereitschaft der Arbeitgeber wird dadurch mehr als ausgeglichen. Die Unternehmen meldeten 475 000 Ausbildungsplätze zur Vermittlung, was den Überhang noch einmal verdeutlicht. (2)

Gewerkschaften sind anderer Meinung

Die deutschen Gewerkschaften lesen die vorgelegten Zahlen anders. Ihrer Ansicht nach sind die Bilanzen frisiert, da sie fast 74 000 Jugendliche unterschlügen, die in Warteschleifen geparkt seien und auf den richtigen Ausbildungsplatz warteten. Die Bundesagentur hat auf diesen Vorwurf entgegnet, dass diese Jugendlichen gar nicht ausbildungsreif seien. Diese befänden sich darum derzeit in Bildungsmaßnahmen und holten beispielsweise den Hauptschulabschluss nach. Es sei darum nicht zutreffend, diese Nachqualifizierungen als Warteschleife zu bezeichnen. An die Unternehmen haben die Gewerkschaften den Appell gerichtet, angesichts der rapide sinkenden Bewerberzahlen größere Anstrengungen bei der Nachwuchssicherung zu unternehmen. (2), (3)

Trends

Erneuerbare Energien werden zur Jobmaschine

Besonders großen Bedarf sowohl an Azubis wie an Mitarbeitern haben die Hersteller von Windrädern und Solaranlagen. Erneuerbare Energien entwickeln sich damit zunehmend zum Jobmotor. Alleine im ersten Quartal 2008 wurden fast 1 600 freie Stellen ausgeschrieben, was gegenüber dem Vorjahreszeitraum ein Plus von einhundert Prozent bedeutet. Bis 2020 rechnet die Branche mit rund 500 000 Mitarbeitern - das wären 220 000 mehr als heute. (5)

Fallbeispiele

Positiver Trend in Rhein-Main

Das Handwerk im Rhein-Main-Gebiet hat noch 2009 einen positiven Trend auf dem Lehrstellenmarkt verzeichnen können. Geschlossen wurden eintausend neue Ausbildungsverträge, was gegenüber 2008 eine Steigerung um acht Prozent bedeutet. Insgesamt absolvieren derzeit 11 000 junge Leute im Rhein-Main-Gebiet eine Lehre in einem Handwerksbetrieb. (4)

Probleme auf dem Lande

Abseits der Städte angesiedelte Unternehmen haben es häufig besonders schwer, geeigneten Nachwuchs zu finden. So hat das Wirtschaftsforschungsinstituts Prognos herausgefunden, dass junge Fach- und Führungskräfte hauptsächlich Städte und Ballungszentren als attraktive Arbeitsorte wahrnehmen. In ländliche Regionen hingegen zieht es den hoch qualifizierten Nachwuchs kaum. Nachwuchssuchende Firmen setzen daher immer öfter auf gemeinsames Regionalmarketing, um ihre Unternehmen bekannter zu machen. Überdies versuchen die Firmen, potenziellen Mitarbeitern besondere Leistungen anzubieten - etwa indem die Ehefrau des neuen Mitarbeiters bei einem anderen Unternehmen untergebracht wird. Hierfür schließen sich die in ländlichen Regionen angesiedelten Unternehmen häufig zu Netzwerken zusammen. (6)

Berlin wirbt im Ländle um Fachkräfte

An Berliner Hochschulen studieren derzeit 17 000 junge Leute Ingenieurwissenschaften. In jedem Jahr verlassen Hunderte Absolventen die Universitäten Berlins, die aber nicht ausreichen, um den Bedarf der Unternehmen zu decken. Die Regionaldirektion für Arbeit streckt ihre Fühler daher auch nach anderen Regionen aus. Derzeit sucht die Agentur erstmals in

Baden-Württemberg nach qualifizierten Nachwuchskräften, die gerne in der Spree-Metropole arbeiten wollen. In einem ersten Schritt wurden hierfür zehn Berliner Unternehmen mit 800 Stuttgarter Jungakademikern zusammengebracht. Zugute kommt der Initiative, dass im Ländle derzeit besonders viele Ingenieure Arbeit suchen, weil die großen Automobilfirmen in besonderem Maße unter der aktuellen Rezession zu leiden haben. (7)

Drastischer Rückgang in Hamburg

Auch die Hansestadt verzeichnet in diesem Jahr eine nicht ausreichende Zahl qualifizierter Lehrstellen-Bewerber. Besonders stark fielen die Zahlen abgeschlossener Ausbildungsverträge bei Tischlern, Malern und Bäckern. Ein Grund dafür ist, dass der fehlende Nachwuchs Hamburgs nicht mehr in gleichem Umfang wie früher mit Zuwanderern aus Mecklenburg-Vorpommern ausgeglichen werden kann. Da die neuen Bundesländer eine besonders große Zahl freier Lehrstellen aufweisen, müssen junge Leute nicht mehr nach Hamburg ausweichen. Ein Problem stellen auch junge Migranten dar: Bei ihnen ist die Zahl derer, die ohne Schulabschluss auf Ausbildungssuche gehen, besonders groß. (8)

Freie Lehrstellen in Erfurt

20 Jahre nach dem Mauerfall verzeichnet Erfurt erstmalig mehr freie Lehrstellen als Ausbildungswillige. 1 889 Ausbildungsplätze stehen derzeit zur Verfügung, denen aber nur 1 571 Bewerber gegenüberstehen. Die neuartige Entwicklung wird in den neuen Bundesländern derzeit noch gefeiert, weil viele junge Menschen in der Vergangenheit in den Westen gehen mussten, um eine Ausbildung zu beginnen. Die Folgen für die Unternehmen, die schon heute oft Hände ringend nach qualifizierten Kräften suchen müssen, werden noch nicht gesehen. (9)

Weiterführende Literatur

(1) Fachkrafte gesucht Dramatischer Einbruch auf dem Lehrstellenmarkt
aus HANDELSBLATT online 04.12.2009 08:08:58

(2) 9600 Jugendliche ohne Lehrstelle
aus Frankfurter Allgemeine Zeitung, 14.10.2009, Nr. 238, S. 12

(3) Zahl der Azubis sinkt
aus Stuttgarter Zeitung, 04.01.2010, S. 10

(4) Handwerk bildet 2009 mehr aus
aus afz - allgemeine fleischer zeitung Nr. 28 vom

08.07.2009 Seite 011

(5) Sonnige Aussichten // Firmen der Solar-, Biomasse-, Wind- und Wasserkraft-Industrie leiden unter Fachkräftemangel und suchen Ingenieure. Ein Job gilt als nahezu krisenfest
aus Der Tagesspiegel Nr. 20470 VOM 13.12.2009 SEITE K02

(6) Mittelstand Wie Firmen auf dem Land um Personal werben
aus HANDELSBLATT online 07.01.2010 14:41:20

(7) Berlin wirbt um Fachkräfte in Stuttgart // Arbeitsagentur sucht für Unternehmen in der Hauptstadt-Region Ingenieure und Informatiker
aus Der Tagesspiegel Nr. 20459 VOM 02.12.2009 SEITE 014

(8) Zahl neuer Lehrverträge stark rückläufig Kammern und Arbeitsagentur beklagen Qualifizierungsdefizite und das Ausbleiben der Bewerber aus dem Nordosten
aus DIE WELT, 19.12.2009, Nr. 296, S. 41

(9) Gute Aussichten für Schulabgänger - Arbeitsagentur: Mehr Angebote als Bewerber am...
aus Thüringer Allgemeine vom 14.10.09 Seite TZER014

Impressum

Freie Wahl für Azubis - der demografische Wandel verursacht Nachwuchssorgen

Bibliografische Information der deutschen Nationalbibliothek

Die Deutsche Nationalbibliothek verzeichnet diese Publikation in der deutschen Nationalbibliografie; detaillierte bibliografische Daten sind im Internet über http://dnb.d-nb.de abrufbar.

ISBN: 978-3-7379-0947-1

© 2015 GBI-Genios Deutsche Wirtschaftsdatenbank GmbH, Freischützstraße 96, 81927 München, www.genios.de

Alle Rechte vorbehalten. Dieses Werk ist einschließlich aller seiner Teile – z.B. Texte, Tabellen und Grafiken - urheberrechtlich geschützt. Jede Verwertung außerhalb der Grenzen des Urheberrechtsgesetzes bedarf der vorherigen Zustimmung des Verlags. Dies gilt insbesondere auch für auszugsweise Nachdrucke, fotomechanische

Vervielfältigungen (Fotokopie/Mikroskopie), Übersetzungen, Auswertungen durch Datenbanken oder ähnliche Einrichtungen und die Einspeicherung und Verarbeitung in elektronischen Systemen.